中学生のための
新しい教材集

天球図

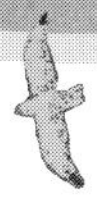

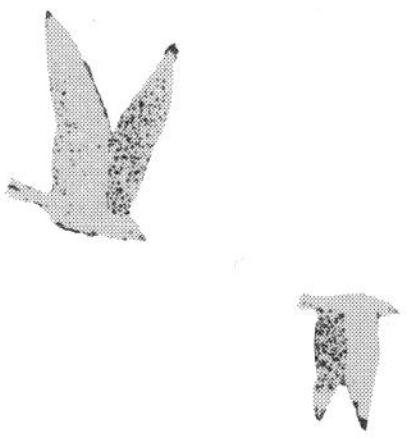

前に

山崎《やまざき》朋《とも》子《こ》 作詞・作曲

手をのばしても　届かないものがある
走っても　追いかけても　つかめないものもある
それでも　諦《あきら》めてはいけないと
勇気を振《ふ》り絞《しぼ》って進む横に　あなたがいる
だから私は　前に進めるんだ
勇気をもらって　前に進もう

「あなたは　あなたでいい」
この言葉　生きる意味をくれた
心に刻み　歩いていく
だから私は　前に進めるんだ
自分を信じて　前に進もう

瞳《ひとみ》をとじて見えるもの

ミマス 作詞・作曲／富澤《とみざわ》　裕《ゆたか》 編曲

いつもきみのことを　心に描《えが》くたび
大きな力が胸に　あふれるのを感じる
どんなに離《はな》れても　この空を見あげて
きみのその笑顔《えがお》を　思い出せるだろう

ともに過ごした　時はいまでも
色あせずに　輝《かがや》いている

瞳をとじて　心ひらけば　想《おも》い出がよみがえる
花が咲《さ》くたびに　思い出す季節
わたしのみちしるべ

きみがくれたものは　大きなやさしさと
かけがえのない景色に　みたされたこの時間

いつも夢中で　駆《か》けぬけたから
ふりかえらず　歩いてゆける

瞳をとじて　心ひらけば　想い出がよみがえる
かさねた月日と　出会いにありがとう
いつまでも消えない

瞳をとじて　心ひらけば　想い出がよみがえる
この気持ちを胸に　ずっと歩いてゆこう
この空を見あげて

わたしのみちしるべ

10
mf
あ ふれるのをかんじ る
おおきなちからが む ねに あ ふれるのをかんじ る かんじる
mf
B
14
mp
このそらをみあげ て
どんなにはなれて も lu lu lu lu このそらをみあげ て このそ ら
mp
どんなにはなれて も lu lu lu lu lu みあげ て このそ ら
B
mp
mf
mp
きみのそのえがお を
18
mf
mf
を ーえがお を おもいだせるーだろ う
mf
を ーえがお を おもいだせるーだろ う
mf

22
C
mp
mf
uh
uh
ときはいまでも
かけぬけたから
mf
ともにすごした　ときはいまでも
いつもむちゅうで　かけぬけたから
C
f
mf
26
いろあせずにー　かがやいている
ふりかえらずー　あるいてゆける
いろあせずにーかがやいてーかがやいている
ふりかえらずーあるーいてーあるいてゆける
30
（　）内はD.S.後
D
f（ff）
ひとみをとじて　こころひ
f（ff）
D
f（ff）

34
mf
おもいでが
らけば おもいでがよみがえる
mf
よみがえる おも
mf
38
E
f
ー
はながさくたびに おもいだす
かさねたつきひと であいにあ
f
いでが
はながさくたびにおもいだす
かさねたつきひとであいにあ
E
f
42
ff
1.
mf
きせつ わたしのみちしるべ ー
りがとう いつまでもきえな
ff
mf
きせつ わたしのみちしるべ ー
りがとう いつまでもきえな
1.
ff
mf

47
mf
f
F
52
uh
p
uh
uh
uh
uh
uh
uh
p
きみがくれたもの　は
おおきなやさしさ　と
F
p
56
mf
かけがえのないけ　し　きに　み　たされたこのじか　ん
mf
mf

2.
G
い
uh
ah
D.S.
このきもちをむねに
ずっとあるいて
ゆこう

この そ ら を み あ げ て ー
poco rit.
a tempo
わ た し の み ち し る べ
ー
rall.

天球図

覚《かく》 和《わ》歌《か》子《こ》 作詞／森山至貴《もりやまのりたか》 作曲

B
13
mf
る　いきをし　ている　それぞれ　の　こど　う　で　いきてい
いい　うたうが　いーい　それぞれ　の　しら　べ　で　ひとといい
いきている　いきをしている　それぞれ　のこ　ど　う　で
さけぶがいい　うたうがいーい　それぞれ　のし　ら　べ　で
17
る　きいてい　るルル　それぞれ　の　こま　く　で
う　ひとりの　こらず　いとおし　い　あか　ん　ぼう
mp
いきている　きいているルル　それぞれ　のこ　ま　く　で　ほし
ひとという　ひとりのこらず　いとおし　いあ　か　ん　ぼう　かえ
C
21
mp
ゆびをお　る　よ　り
むきあい　な　が　ら
いー　もの　たり　ない　もの　ゆびをおる　よ　り
たい　こと　いま　ある　もの　むきあいな　が　ら

25
mf
(V)
おくられた「き み ーらしさ」のな ぞ と き を し よう
たましいの の ぞ むところにみ み を す ま せ るひ
29
f
D
ー だ れ か が き み に ド ア を し め て
ー だ れ か が き み に ド ア を し め て
33
も せかいは きみを だ き し め ーーてい
も せかいは きみを き み を あ ーいして
せかいは きみを ー だ き しめーてい
せかいは きみを ー き み をあいして

37
る だ れ か が き み に め を そ ら し て
る だ れ か が き み に め を そ ら し て
る
る
41
mf
1.
も せ か い は き み に yes と い う
も き み は せ か い に yes と い
yes と い う ー
yes と い
45
2.
ー う き み は せ か い に ー
ー う

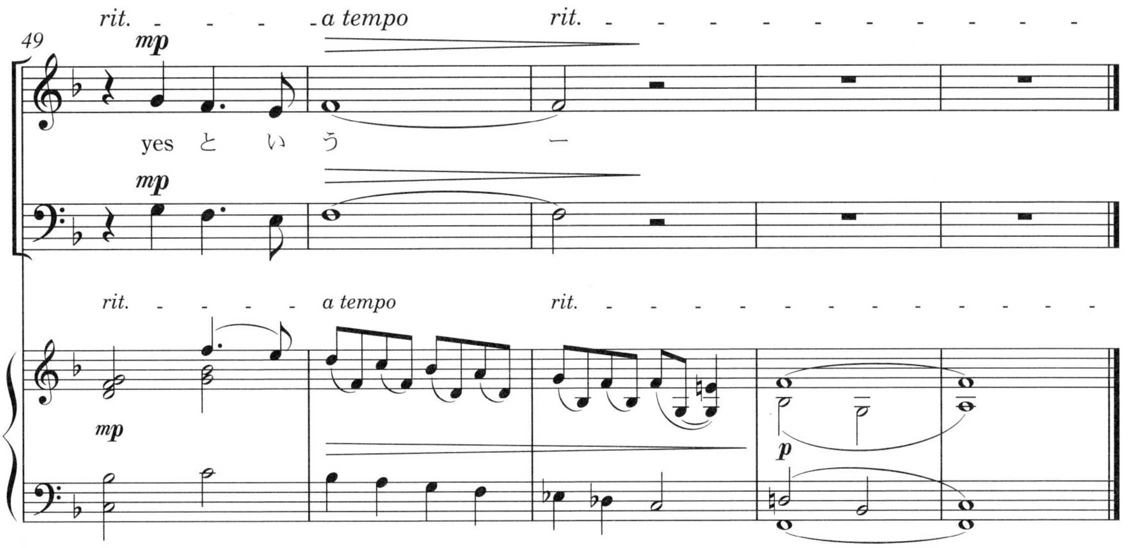

ひとつの大地に　背中あずけて
ひとつの星空　並んで見てる
生きている　息をしている
それぞれの鼓動《こどう》で
生きている　聴《き》いている ルル
それぞれの鼓膜《こまく》で

欲《ほ》しいもの　足りないもの
指を折るより
贈《おく》られた「君らしさ」の
謎《なぞ》ときをしよう

誰《だれ》かが君にドアを閉めても
世界は君を　抱《だ》きしめている
誰かが君に目をそらしても
世界は君にyesと言う

夜をふるわせ　星はささやく
神さまがいたら　こんな声で
叫《さけ》ぶがいい　うたうがいい
それぞれの調べで
ひとという　ひとり残らず
いとおしい赤んぼう

変えたいこと　今あるもの
向き合いながら
たましいの望むところに
耳をすませる日

誰かが君にドアを閉めても
世界は君を　君を愛してる
誰かが君に目をそらしても
君は世界にyesと言う

君は世界にyesと言う

14 -fourteen-

弓削田健介《ゆげたけんすけ》 作詞・作曲

14-fourteen-
夢のつぼみが　心のどこかで震《ふる》えてる
14-fourteen-
季節を越《こ》えて　花ひらくときを信じてる

ああ　変わりたくて　少しだけ背伸《せの》びをした
青い空の向こう側で
手をふるのは誰《だれ》だろう

点数にならない　この胸のときめき
ひろい宇宙の真ん中で
ひとつだけの音楽を奏《かな》でてる

14-fourteen-
期待通りの　素直《すなお》な音色《ねいろ》じゃないけれど
14-fourteen-
あなたの愛で　今日まで歩いて来れたから

ああ　出会いたくて　本当の自分自身に
そしていつか伝えるんだ
言葉じゃない「ありがとう」を

寂《さみ》しさも不安も　明日《あす》を飾《かざ》る対旋律《メロディー》
この瞳《め》に宿る憧《あこが》れと　響《ひび》き合って
蒼《あお》い翼《つばさ》に変われ

14-fourteen-
夢のつぼみが　心のどこかで震えてる
14-fourteen-
季節を越えて　もうすぐ　もうすぐ…

ありのままの僕《ぼく》を　抱《だ》きしめて歌おう
ひろい宇宙の真ん中で
ひとつだけの音楽が生まれてる

14-fourteen-　いま　風の中へ　走り出す…

5
A unis.
mp
four-teen_ ゆめのつ ぼ みがー こ こ ろ のどー こ かー で ふ
four-teen_ きたいど お りのー すな お なねー い ろー じゃ な
mp ( )内は２回目。１回目は主旋律を歌う。
four-teen_ きたいど お りのー すな お なねー い ろー じゃ な
A
mp
8
mf
る えてる four-teen_ き せつを こ えてー はな
い けれど four-teen_ あ なたの あ いでー きょう
mf
い けれど four-teen_ あ なたの あ いでー きょう
mf
11
B
ひ らくー と きー を し ん じ てるー ああ かわ りたー くて
ま であー る いー て こ れ た からー ああ であ いたー くて
ま であー る いー て こ れ た からー
B

14
mp
ー すこしだ け せ の びをー した ー あお
ー ほんとう の じぶんじしー んに ー そし
mp
ああ かわ りたー くて ー Uh せ の び したー あお
ああ であ いたー くて ー Uh ラ ラ ラ ララー そし
17
mf
い そらの むこ う がわで てをふ る のはー
て いつか つた え るんだ ことば じゃ ないー
mf
い そらの むこ う がわで て を ふ る のはー
て いつか つた え るんだ こ と ば じゃ ないー
mp
mf
20
div.
C
f
だ れー だ ろ う て ん す う に な ら な い
「あ りー が とう」 を さ み し さ も ふ あ ん も
f
だ れー だ ろ う
「あ りー が とう」 を
C
f

※1：1. に向かうスラーとタイは 1. のときのみ。

32
に かわれ ー
35
D
ラ ラ ラ ラ
ラ ラ ラ ラ ラ ラ ラ ラ
ラ ラ ラ ラ ラ ラ ラ ラ
38
ラ ラ ラ であいたくて ー ー ー
E
ラ ラ ラ ラ ー ラ ラ ラ ラ four - teen_ ゆめのつ
かわりたくて ー ラ

※２：49～52小節は、伴奏の３連符を８分音符に変えて演奏してもよい。

50
ぼ く を だ き し め て う た お う
53
ひろい うちゅーうの ー ま ー ん な かでー ひ と つ だ け の
Uh
56
G
おんが く が う ま れてる
mf
ー おんが く が う ま れ て る い
mf
おんが く が う ま れ て る
G
mf

59
ー four-teen はしりだすー
まかぜのなーかへ ーはしりだすー
ー four-teen はしりだすー
輝く風のようなイメージで
62
rit.
ff
ラ ラ ラ ラ ラ ラ ラ Ah
ff
rit.
ff

懐《なつ》かしい未来

森山直太朗《もりやまなおたろう》 作詞・作曲／田中達也《たなかたつや》 編曲

懐かしい未来　ここはいつか
君と共に　歩いた道
芳《かぐわ》しい匂《にお》い　呼び交《か》う声
そっと胸に　息づいてる

探していた答えはまた
この手をすり抜《ぬ》けるけど
きっと終わりじゃない
きっと終わりじゃない

まだ見ていたいその景色が
ふと、心を過《よ》ぎるけれど
もう二度とない”今“を走れ
悠遠《ゆうえん》の風のように

悴《かじか》む想《おも》い　誰《だれ》もがほら
拭《ぬぐ》いきれない　孤独《こどく》の中
記号化できない　願いの欠片《かけら》
雲の切れ間に　象《かたど》ってる

堪《こら》えていた涙《なみだ》の訳《わけ》
そしてただ今日も陽《ひ》は暮れる
君は一人じゃない
君は一人じゃない、と

新しい世界　自分を越《こ》えて
この心がときめくなら
もう迷わない”夢“を描《えが》いて
永遠は一瞬《いっしゅん》の物語《ストーリー》

懐かしい未来　時計を止めて
ずっとこうしていたいけれど
弛《たゆ》むことない愛を込《こ》めて

まだ見ていたいその景色が
ふと、心を過ぎるけれど
悠遠の風のように走れ
懐かしい未来へ

4
A
mp
なつ かしいー みら ーい　ここ はいー つか
mp
なつ かしいー みら ーい　ここ はいー つか
A
mp
7
ー　きみ とと一 もに ー ー ー　ある いたー みち ー　かぐ わしいー にお
ー　きみ とと一 もに ー ー ー　ある いたー みち ー　かぐ わしいー にお
mp
woo
10
ーい　よび かうー こえ ー　そーっ とむー ねに ー ー ー　いき づいー てる
ーい　よび かうー こえ ー　そーっ とむー ねに ー ー ー　いき づいー てる
いき づいー てる

B
13
mf
ー　さがしてー　いた　ー　こたえはー　また　ー　ah
ー　さが　してー　いた　ー　こた　えはー　また　ー　こ　の　て
ー　さ　が　してー　いたー　こ　た　えはー　またー　こ　の　て
B
mf
16
cresc.
きっ　とおわりじゃな　ーい　きっ　とおわりじゃな
をすり　ー　ぬけー　る　け　ど　ー　きっ　とおわりじゃなーい
をすり　ー　ぬけー　る　け　ど　きっ　とおわりじゃな　ーい　きっ　とおわりじゃな
19
f
C
ー　ー　ー　ーい　ま　だ　みてー　いた　ーい　そ　の　けしー　きが
cresc.
きっ　とおわりじゃな　ー　ーい　ま　だ　みてー　いた　ーい　そ　の　けしー　きが
ー　ー　ー　ーい　ま　だ　みてー　いた　ーい　そ　の　けしー　きが
C
marcato

22
ー ふと ここー ろを ー よぎ るけー れどー もう にどー とな
ー ふと ここー ろを ー よぎ るけー れどー ah
più f
ー ふと ここー ろを ー よぎ るけー れどー ah も
25
più f
ーい いまを ー はし ー れー
più f
いまを ー はし ー れー
うにどー となーい いまを ー はし ー れー
più f
28
mf
D
f
ー ゆうえんの かぜの ようにー ー
mf
f
ー ゆうえんの かぜの ようにー
mf
f
ー ゆうえんの かぜの ようにー
D
mf
f con moto

31
E
mp
かじ かむー おも
mp
かじ かむー おも
mp
かじ かむー おも
E
mp
34
ーい だれ もがー ほら ー ぬぐ いきー れな ー い ー こど くのー なか
ーい だれ もがー ほら ー ぬぐ いきー れな ー い ー こど くのー なか
ーい だれ もがー ほら ー ぬぐ いきー れな ー い ー こど くのー なか
37
(V)
ー ル ル ル ル ルー ル ル ルルル
ー きごう かでー きな ーい ねが いのー かけ ーらー くも のきー れま
ー きごう かでー きな ーい ねが いのー かけ ーら くも のきー れま

40
F
mf
ルー　かた　どーーってる　ー　こらえてー　いた　ー　なみ　だのー　わけ
ー　にー　かた　どーーってる　ー　こらえてー　いた　ー　なみ　だのー　わけ
ー　にー　かた　どーーってる　ー　こらえてー　いたー　な
43
ー　ah　きみはひとりじゃな
ー　そしてた　だきょうー　もひは　く　れる　ー
みだのー　わけー　そしてた　だきょうー　もひは　く　れ　る　きみはひとりじゃな
46
cresc.
f
ーい　きみはひとりじゃな　ー　ーいと　ー　あたらしいー　せか
きみはひとりじゃなーい　きみはひとりじゃなーい　と　ー　あたらしいー　せか
ーい　きみはひとりじゃな　ー　ー　ーい　と　ー　あたらしいー　せか

G
49
ーい　じぶん をこー　えて　ー　この　ここー　ろが　ー　ときめくー　なら
ーい　じぶん をこー　えて　ー　この　ここー　ろが　ー　ときめくー　なら
ーい　じぶん をこー　えて　ー　この　ここー　ろが　ー　ときめくー　なら
G
marcato
52
più f
ー　もう　まよー　わな　ーい　ゆめを　ー　え が
ー　ah　ゆめを　ー　え が
ー　ah　もう　まよー　わなーい　ゆめを　ー　え が
più f
55
mf
H
più f
ーい　て　ー　ー　えいえん は いっしゅんの　ストーリ　ー
ーい　て　ー　ー　えいえん は いっしゅんの　ストーリ　ー
più f　marcato
ーい　て　ー　ー　ラ　ララ　ーララ　ラ
H
mf
più f

58
marcato
ラ　ララ　ー　ラ　ラ　ラ　ラ　ラ
marcato
ラ　ララ　ー　ラ　ラ　ラ　ラ　ラ
ラ　ラ　ララ　ー　ラ　ラ　ラ　ラ　ラ
61
f
ラ　ララ　ー　ラ　ラ　ラ　ラ　ラ　ー　ラ　ラ　ラ　ラ　ラ
f
ラ　ララ　ー　ラ　ラ　ラ　ラ　ラ　ー　ラ　ラ　ラ　ラ　ラ
f
ラ　ララ　ー　ラ　ラ　ラ　ラ　ラ　ー　ラ　ラ　ラ　ラ　ラ
f
64
I
mf　mp
なつ かしいー みら ーい　とけい をとー めて ー　ずーっ とこう して
mp
ラ　woo
mp
ラ　woo
I
mp

67
mf
ー いた いけー れど ー たゆ むこー とな ーい あ
ah あ
ah あ
mf
70
cresc.
f
いを ー こ め ー て ー ー まだ みてー いた
いを ー こ め ー て ー ー まだ みてー いた
いを ー こ め ー て ー ー まだ みてー いた
cresc.
f
J
73
ーい その けしー きが ー ふと ここー ろを ー よぎ るけー れど
ーい その けしー きが ー ふと ここー ろを ー よぎ るけー れど
ーい その けしー きが ー ふと ここー ろを ー よぎ るけー れど
J
marcato

76
più f
ー ゆうえんのかぜの ようにー ー はし
ー ゆうえんのかぜの ようにー ah はし
ー ゆうえんのかぜの ようにー ah はし
più f
79
mf
f
ー れ ー ー なつかしいー みら ー いへー
mf
f marcato
82
ー なつかしいー み

K
85
ff
ら いへー
ー
ff
ら いへー
ー
ff
ら いへー
ー
K
ff
88
dimin.
f
oh oh oh oh oh oh oh oh oh oh
dimin.
f
oh oh oh oh oh oh oh oh oh oh
dimin.
f
oh oh oh oh oh oh oh oh oh oh
mf dimin.
Ped.
91
mp
oh oh oh oh oh
mp
oh oh oh oh oh
mp
oh oh oh oh oh
p

Bodipa Beats Z

石若《いしわか》 駿《しゅん》 作曲

Desk Drumming -part1-

松波《まつなみ》匠《しょう》太《た》郎《ろう》 作曲

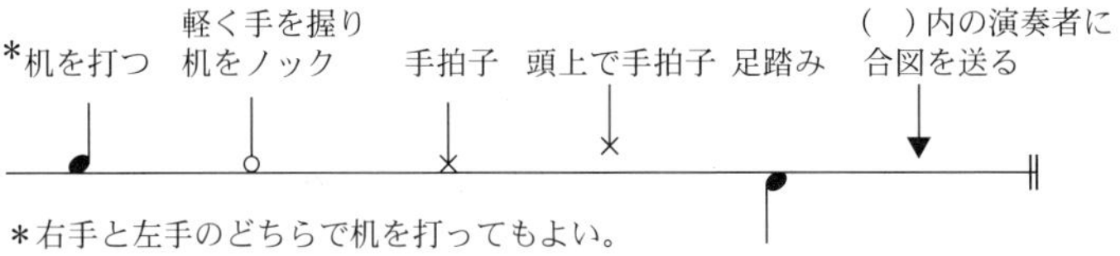

＊右手と左手のどちらで机を打ってもよい。

♩=100～144ぐらい

11
f
p
(1)
(2)
(3)
15
sub.p
(4)
19
ff
両手で

Desk Drumming -part2-

松波匠太郎 作曲

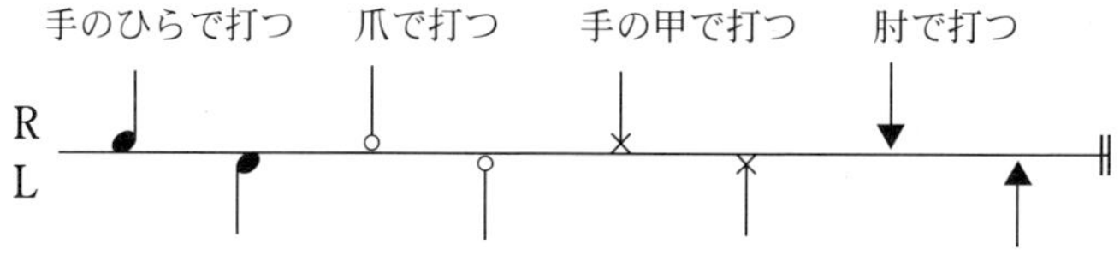

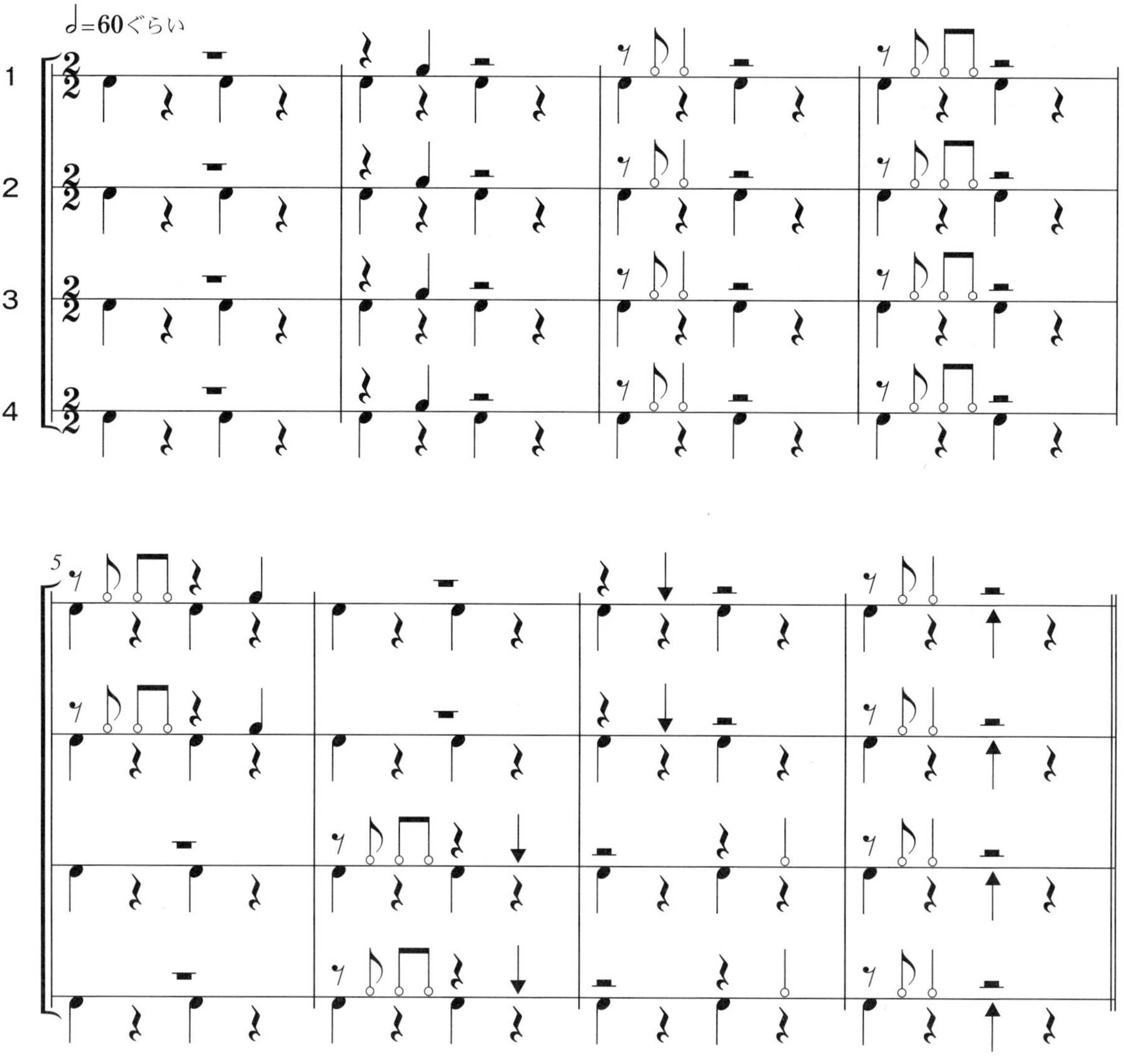

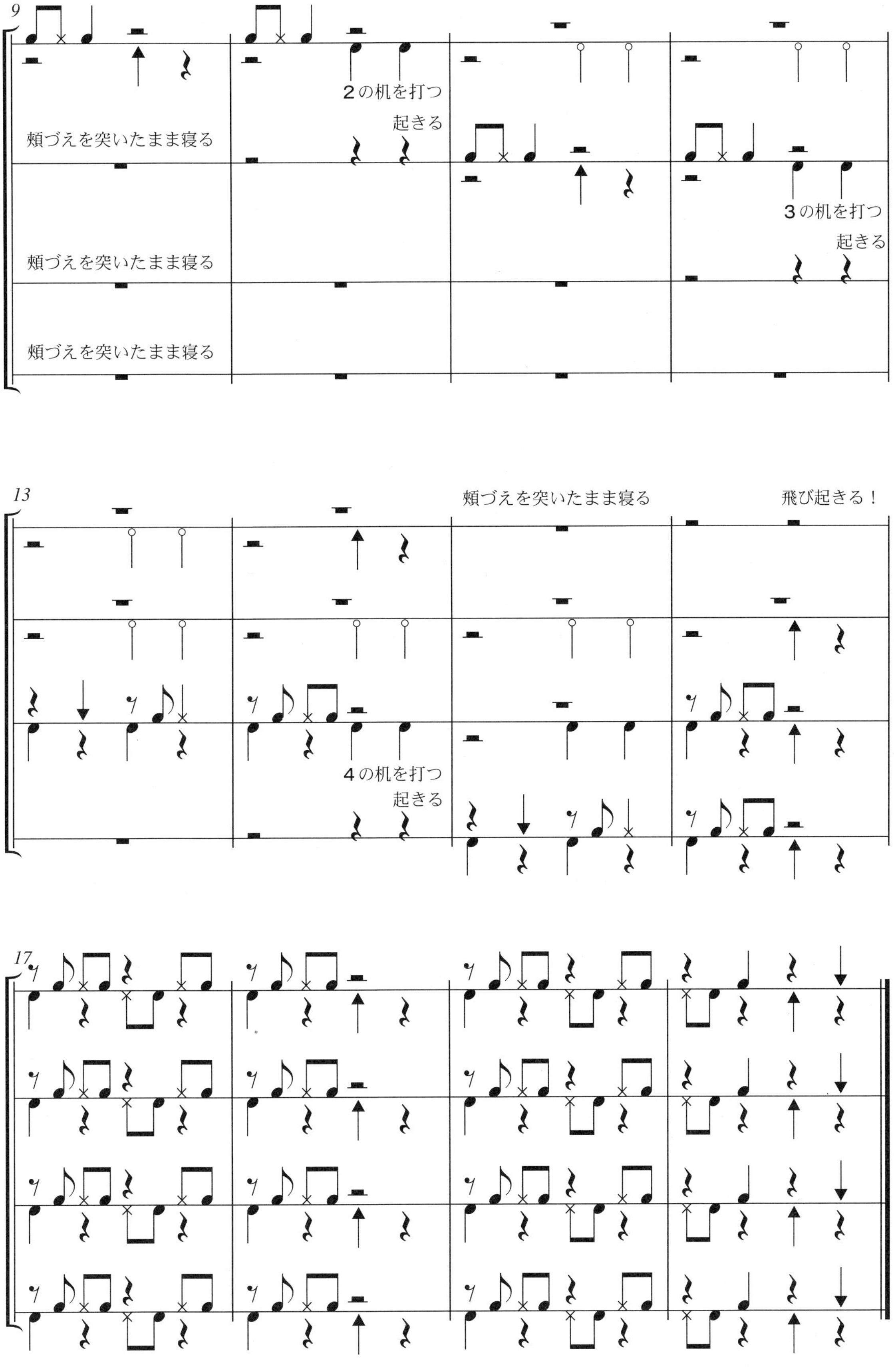
9
頬づえを突いたまま寝る
2の机を打つ
起きる
頬づえを突いたまま寝る
3の机を打つ
起きる
頬づえを突いたまま寝る
13
頬づえを突いたまま寝る
飛び起きる！
4の机を打つ
起きる
17

クラッピング ラプソディ 第4番

長《は》谷《せ》部《べ》匡俊《まさとし》 作曲

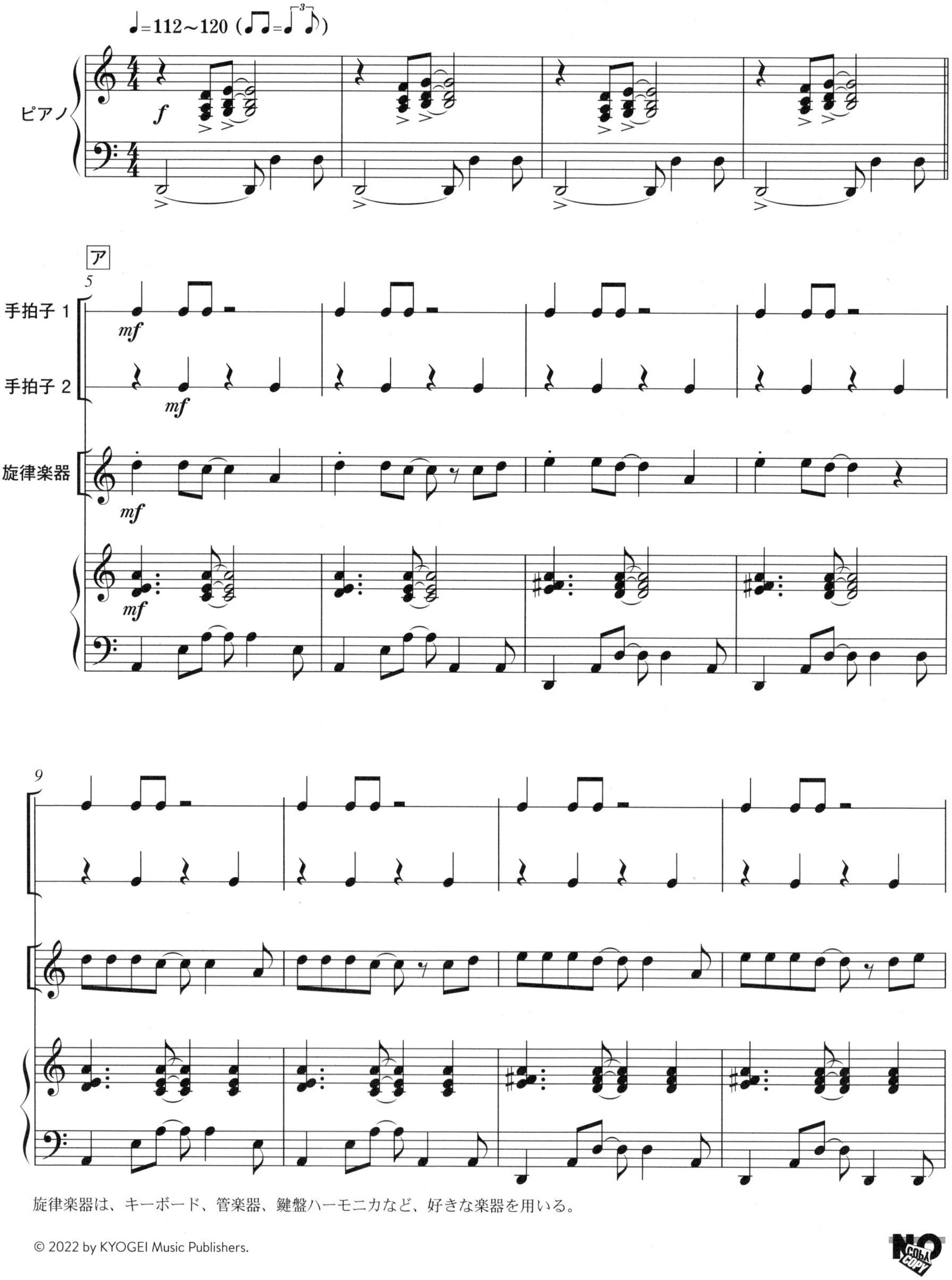

旋律楽器は、キーボード、管楽器、鍵盤ハーモニカなど、好きな楽器を用いる。

×…フィンガー スナップ（指をパチンと鳴らす）

ウ
25
29
33
D.C.
D.C.
D.C.

37
I
41
45
f

Brave Departure

佐《さ》井《い》孝彰《たかあき》 作曲

11
16
21
2.
2.
2.

26
31
( )内は２回目省略可
ff
36
mf

※ 楽器の音域に応じて省略してもよい。

We Are Confidence Man

fox capture plan 作曲／赤羽耕《あかばねこう》史郎《しろう》 編曲

＊曲想や各パートの役割などを考えて、強弱を自由に工夫して演奏しましょう。

10
1.
(シロフォン)
1.
1.
14
2.
※音色によっては１オクターヴ上で演奏してもよい。
(シロフォン)
(ヴァイブラフォーン)
2.
2.

18
22

26
(シロフォン)
30

34
(ヴァイブラフォーン)
38
D.S.
D.S.
D.S.

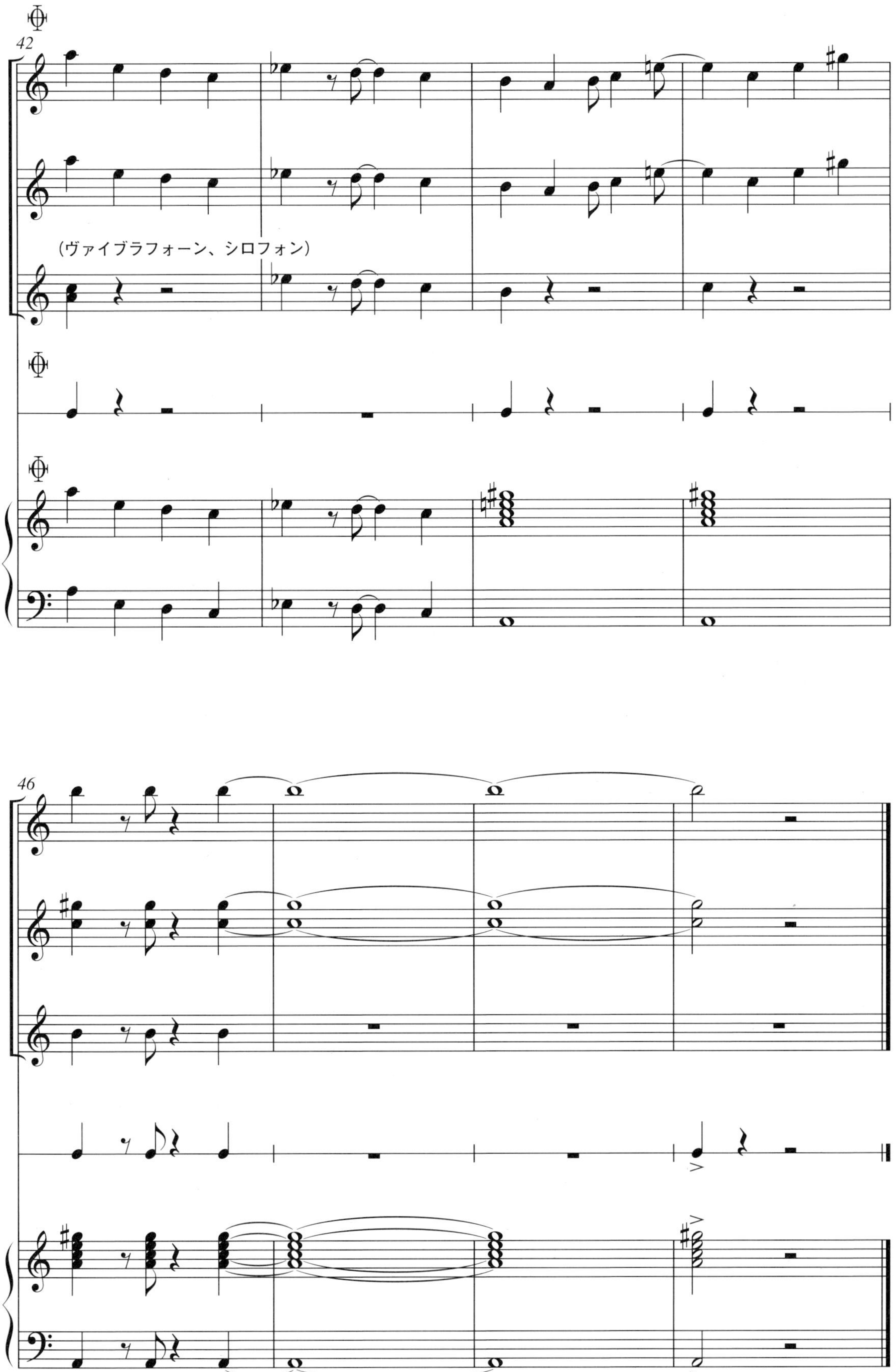
42
(ヴァイブラフォーン、シロフォン)
46

作者・編曲者からのメッセージ

前に
P. 2

ア カペラは音楽の原点だと思う。人の声ほど素晴らしい楽器はないから。ただ、ア カペラを歌い上げるのは難しい――そんなことを思いながら、授業でも歌えるような作品を、と書いてみました。

この歌詞を書いた時、やや辛い気持ちとネガティブな気持ちがあったように思います。でも横を見ると、振り返ると、助けてくれる人がいて、私は1人じゃなかったんだと気付きました。だから、立ち止まっていないで進まなきゃいけないなと、この思いを歌詞にしました。

この曲には音価の長い音を多く使いました。ゆったりと、横に流れる旋律と縦の和音を両方大切にしながら、歌っていただけると幸いです。（山崎朋子）

瞳《ひとみ》をとじて見えるもの
P. 4

充実した時間は人生の宝物です。何かに夢中で打ちこんだ経験や、仲間とともに過ごした日々。それらはかけがえのない想い出となり、人生を支えてくれる財産となります。目には見えなくても、いつも自分の中にある。皆さんも多くのことに挑戦して、そんな宝物をたくさん集めてください。（ミマス）

目に入った光は網膜で神経信号に変換され脳に届き画像として認識されます。そう、私たちは脳で、心で見ているのです。だから私たちは想い出を見ることができる。今はやがて過去になり想い出となる。そのとき心に見えるであろう今が、素晴らしい時でありますように。（富澤　裕）

天球図
P. 11

覚和歌子さんの奥深く素敵な書き下ろし詩に導かれて、歌いごたえのある（でも難しくない！）曲になるよう努めました。音楽的には、ユニゾンやハーモニーの部分だけでなく、2つのパートのかけ合いの部分を多く含むのが特徴です。特にかけ合いの部分では、互いのパートをよく聴いてリズムが崩れず歌えるように練習してみてください。また、1番と2番で譜割りが若干異なる部分があります（長音記号を用いて歌詞を表記しています）。楽譜の上ではやや複雑に見えますが、耳から音で覚えると素直に歌えるはずです。音源などをうまく活用しましょう。（森山至貴）

14 -fourteen-
P. 16

全国の学校を訪問し、コンサートをさせていただく中で、近年増えてきたのが、14歳（中学2年生）で行われる行事での演奏です。おとなになる自覚を深めるための儀式「元服」の現代版として、「立志式」「立志の集い」「感謝と決意の集い」など様々な名称で行われています。「夢を綴った作文」「周囲への感謝の言葉」「将来への決意」などを発表したり、合唱を披露したりします。「半分子ども、半分おとな」と言われながら、感受性豊かな時期を一生懸命生きている14歳の子どもたちと共に歌い、語り合い、触れ合う時間の中から、この歌は、生まれました。（弓削田健介）

懐《なつ》かしい未来
P. 24

第100回全国高校サッカー選手権大会のために書き下ろされた作品です。原曲の持つシンフォニックで壮大なイメージをそのまま味わえるように編曲しました。ほとんどのフレーズが弱拍で始まり、次の小節にかけてシンコペーションがあるので、小節線を越えるときに停滞しない工夫を。[B][F]にある追いかけは前のフレーズをよく聴き合いながら、次のフレーズに向けてだんだんと表現が深まっていくようなイメージで。メロディは主に16ビートが使われています。特にタイでつながっている後ろの音は突っ張らず、しなやかに歌いきってください。（田中達也）

Bodipa Beats Z
P. 35

「Bodipa Beats Z」を作曲するにあたり、自分にとってウキウキ、わくわくするようなリズムはどんなリズムだろう？というところからスタートしました。そのとき一番最初に浮かんだのが冒頭のリズムです。また、[C]のリズムはぜひ、言葉にして（例：ドゥンツタントトン、ドゥンツタントトン）歌ってみてから練習すると、より身体にすっとリズムが入ってくると思います。

[Outro]のテンポに関しては、例えばTempo downしてチルな雰囲気で演奏するのもあり、Tempo upしてバキバキに演奏するのもあり、だんだん*accel.*するのもありで自由に演奏していただきたいです。

全体を通しては、一拍一拍をしっかり共有して、足早にならないよう確かめながら演奏するとよいでしょう。どうぞ楽しんでください！（石若　駿）

Desk Drumming -part 1-
P. 36

Desk Drumming -part 2-
P. 38

『Desk Drumming』は、机を楽器に見立てた作品で、着席した状態のまま演奏することができます。メトロノームなどを使用し、最初はゆっくりとしたテンポから練習しましょう。速いテンポで演奏できるようになると、かっこうよく見えます。

part1では、冒頭のリズムが曲全体に使われています。ノックや手拍子で変化する音色をよく聴き、自分が演奏していないときでもこのリズムを頭の中で刻んでおくと、より合わせやすくなります。「合図を送る」は、人さし指や両手を（「どうぞ！」のように）使い、見ている人が合図を送られた奏者に注目するよう工夫しましょう。「打つふり」も、動きを大きくすると効果的です。

part2は爪や肘、手の甲を使います。「手の甲で打つ」は強く打つ必要はなく、小指を机につけたまま手のひらを返し、ひらと甲をパタパタ行ったり来たりさせます。「肘で打つ」に続く「寝る」動作も、拍にのって動きをみんなでそろえると楽しいです。「起きる」ときに驚いた表情をしてみてもおもしろいですね。

机を使用しない場合は、椅子に座り、腿を代わりに使うと演奏できます。「ノック」や「肘で打つ」は聞こえにくいので、指先で打ったり、また打つ場所を（ふくらはぎ等）変えたりするとよいでしょう。

また本作は、打楽器での演奏も可能です。ボンゴ、コンガのように楽器が大小2セットある場合は、part1なら小節によって左右叩く太鼓を変えたり、part2ならそのままLRを適用できます。カホンや大太鼓で演奏する場合は、「机をノック」や「爪で打つ」、「足踏み」の音を真似て叩き分けたり、色々と工夫してみましょう。 （松波匠太郎）

クラッピング ラプソディ 第4番
P. 40

シリーズ4作目にして初の「バウンスするリズム（♫=♩♪）」の登場です。♩ ♫は♩ ♩♪、𝄾♩ ♪は𝄽♪♩♪のように弾んだ感じで演奏してください。

曲は大きく4つの部分に分かれます。アイウエそれぞれの雰囲気の違いを感じ取って演奏に生かしてください。

曲中には指をパチンと鳴らすフィンガー スナップが登場しますが、うまく鳴らない場合には別の音色に置き換えてもかまいません。

46小節目は、全員の気持ちを一つにして、緊迫感のある無音の2拍をつくり出してください。

（長谷部匡俊）

Brave Departure
P. 44

全体的に勇ましく元気の出る曲です。曲中の大部分に*f*や*ff*の記号が付いていますが、乱暴にならないように注意し、曲想の変化やアーティキュレーションを生かして表現を工夫しましょう。手拍子と旋律楽器には同じパッセージの連続する部分があります。音楽のまとまりや主旋律の流れなどに気を付けながら、他のパートの音にも耳を傾け、機械的な音の連続にならないようにしましょう。手拍子の1小節目や3小節目のように強拍が休符のところは、心の中でしっかりその拍を意識し、リズムがくずれたりテンポが速くなったりしないように注意しましょう。 （佐井孝彰）

We Are Confidence Man
P. 48

大ヒットドラマ『コンフィデンスマンJP』のテーマ曲です。スピード感のある音楽が特徴です。

キーボード1とキーボード2は、例えば金管楽器系と弦楽器系のように、対照的な音色の組み合わせにするとよいでしょう。ピアノの和音のジャズ的な雰囲気を感じ取って、曲想に合った音色を選んでください。

ピアノの左手は、低音楽器で重ねてください。弦を指ではじくような音色を選ぶとよいでしょう。

全パートとも、よく聴き合いながら演奏し、強弱は自由に工夫してください。

（赤羽耕史郎）

中学生のための
新しい教材集
天球図

2022年11月29日　第1刷発行

編集者　教芸音楽研究グループ

発行者　株式会社 教育芸術社（代表者　市川かおり）
〒171-0051 東京都豊島区長崎1-12-14
電話　03-3957-1175（代表）　03-3957-1177（販売部直通）
https://www.kyogei.co.jp/

イラスト／稲葉朋子
表紙・本文デザイン／STORK
楽譜浄写／クラフトーン
印刷／光栄印刷　製本／ヤマナカ製本

JASRAC 出 2208217-201
ISBN 978-4-87788-990-6 C3073